AF312971

TABLEAUX DE LECTURE
Par plusieurs Instituteurs
NOUVELLE ÉDITION
Mise en rapport avec le *Premier* et le *Second Alphabet*
des mêmes Auteurs

1ᵉʳ TABLEAU

PARIS
Ch. DELAGRAVE et Cⁱᵉ, Libraires-Éditeurs, rue des Écoles, 58
GUÉRIN-MULLER, rue du Grand-Chantier, 5
CAEN
CHÉNEL, Libraire | Dⁱˢ LEVILLAIN, Libraire
rue Saint-Jean, 16 | rue de Strasbourg, 4

VOYELLES ET CONSONNES

I. — VOYELLES SIMPLES

(N'apprendre qu'une demi-ligne à la fois)

Voyelles **a e i — o u y**

Exercices

a i e i e a e i a — o u a e u o e i y

II. — Accents et Voyelles longues

(Expliquer que l'accent *aigu* va de droite à gauche et le *grave* de gauche à droite. Le *circonflexe* est la réunion des deux).

Accent aigu ´   Accent grave `   Accent circonflexe ^

é è ê â î ô û

e é è ê â a î ô — û u é o ô â î ê û

III. — CONSONNES SIMPLES

(N'apprendre qu'une demi-ligne à la fois)

Consonnes **b c d f — g (g) h j k l**

b c b d f c d f d — g j h k l h j l g k

m n p q — r s t v x z

n m q p m p n q — r s v t z t s r v x

c t r s v x z n f m g j h k l b p d q

14943   Paris. — Typographie de Renou et Maulde, rue de Rivoli, 144.

TABLEAUX DE LECTURE
Par plusieurs Instituteurs
NOUVELLE ÉDITION
Mise en rapport avec le *Premier* et le *Second Alphabet*
des mêmes Auteurs

PARIS
Ch. **DELAGRAVE** et Cie, Libraires-Éditeurs, rue des Écoles, 58
GUÉRIN-MULLER, rue du Grand-Chantier, 3
CAEN
CHÉNEL, Libraire || Dle **LEVILLAIN**, Libraire
rue Saint-Jean, 16 || rue de Strasbourg, 4

2ᵉ TABLEAU

ALPHABET USUEL

(Lire d'abord par colonnes, ensuite par lignes. — Passer rapidement sur les *Italiques* et les *Majuscules*)

Minuscules ordinaires.   a b c d e f g (g) h i j k l

Italiques.   *a b c d e f g (g) h i j k l*

Majuscules.   A B C D E F G H I J K L

m n o p q r s t u v x y z

m n o p q r s t u v x y z

M N O P Q R S T U V X Y Z

Récapitulation générale sur les Minuscules ordinaires

a j e g é z è y i v ô x u l k b h d p q

ê t f â s r q p î l m d c é v û o j n l

d p q b k g f é ô r e t i î è ê b d a â

Exercice sur les Majuscules

LABDEFGHÈIMJNÉQTRBFDGHNKCÂY

Signes de Ponctuation et autres

’   ,   .   ;   ··   :   ?   !   ¸   -   ( )   « »

| Apostrophe (en haut) | Virgule (en bas) | Point | Point-Virgule | Tréma | Deux-Points | Point interrogatif | Point exclamatif | Cédille | Trait d'union | Parenthèses | Guillemets |

1ᵉʳ PROCÉDÉ. — Le moniteur montre et nomme une lettre ; l'élève répète le nom.
2ᵉ PROCÉDÉ. — Le moniteur montre une lettre ; l'élève la nomme.

3ᵉ PROCÉDÉ. — Le moniteur nomme une lettre ; l'élève la montre.
NOTA. — Il sera bon de n'apprendre qu'une colonne ou qu'une ligne à la fois.

14943   Paris. — Typographie de Renou et Maulde, rue de Rivoli, 144.

TABLEAUX DE LECTURE
Par plusieurs Instituteurs
NOUVELLE ÉDITION
Mise en rapport avec le *Premier* et le *Second Alphabet*
des mêmes Auteurs

PARIS
Ch. **DELAGRAVE** et Cie, Libraires-Éditeurs, rue des Écoles, 58
GUÉRIN-MULLER, rue du Grand-Chantier, 5
CAEN
CHÉNEL, Libraire, rue Saint-Jean, 16 ‖ Dlle **LEVILLAIN**, Libraire, rue de Strasbourg, 4

3° TABLEAU

SYLLABES D'UNE OU DE DEUX LETTRES

a	e	i	o	u
b a	b e	b i	b o	b u
d a	d e	d i	d o	d u
f a	f e	f i	f o	f u
v a	v e	v i	v o	v u
z a	z e	z i	z o	z u
l a	l e	l i	l o	l u
p a	p e	p i	p o	p u
n a	n e	n i	n o	n u
m a	m e	m i	m o	m u

SUITE DE L'EXERCICE PRÉCÉDENT

a	e	é	è	ê	i	o	u
ha	he	hé	hè	hê	hi	ho	hu
ja	je	jé	jè	jê	ji	jo	ju
ga	ge	gé	gè	gê	gi	go	gu
sa	se	sé	sè	sê	si	so	su
ca	ce	cé	cè	cê	ci	co	cu
ka	ke	ké	kè	kê	ki	ko	ku
te	té	tè	tê	tâ	tî	tô	tû
re	ré	rè	rê	râ	rî	rô	rû
xe	xé	xè	xê	xà	xî	xô	xû

1er *Procédé.* — Le Moniteur montre et épèle à haute voix une syllabe; l'Élève répète. (D'abord par lignes, ensuite par colonnes, puis sans suivre aucun ordre.
2e *Procédé.* — Le Moniteur montre une syllabe; l'Élève l'épèle à haute voix. (*L'accolade indique les syllabes qui se prononcent de même.*)
3e *Procédé.* — Le Moniteur montre une syllabe; l'Élève la prononce *sans l'épeler haut.* (Voir la Méthode.)
4e *Procédé.* — Le Moniteur tourne le tableau et fait épeler une syllabe à chaque Élève. (Voir la Méthode.)

14943   Paris. — Typographie de Besson et Mailde, rue de Rivoli, 144.

4ᵉ TABLEAU

PARIS
Ch. DELAGRAVE et Cⁱᵉ, Libraires-Éditeurs, rue des Écoles, 58
GUÉRIN-MULLER, rue du Grand-Chantier 3
CAEN
CHÉNEL, Libraire — Dⁱˡᵉ LEVILLAIN, Libraire
Rue Saint-Jean, 16 — rue de Strasbourg, 4

MOTS FORMÉS DE SYLLABES D'UNE OU DEUX LETTRES

(Lire sans épeler à haute voix, d'abord par colonnes, ensuite par lignes.)

a‑mi	i‑ci	o‑de	gi‑ra‑fe	u‑ti‑le
â‑ne	a‑re	u‑ni	li‑mi‑te	o‑ra‑ge
é‑pi	hâ‑te	no‑ce	na‑vi‑re	pe‑lo‑te
ca‑ge	fê‑te	ro‑be	dé‑ci‑me	pi‑qû‑re
ci‑re	jo‑li	sé‑ve	du‑re‑té	ra‑ci‑ne
cô‑té	ké‑pi	tô‑le	é‑cu‑me	ti‑ra‑ge
cu‑ré	lo‑ge	vi‑de	bo‑ca‑ge	vé‑ri‑té
dî‑né	lu‑xe	mè‑re	ca‑ba‑ne	vi‑pè‑re
fa‑ce	tê‑tu	zé‑ro	ma‑xi‑me	sa‑me‑di

é‑co‑le	u‑ni‑té	a‑va‑ri‑ce	o‑ri‑gi‑ne
é‑lè‑ve	é‑ta‑ge	é‑di‑fi‑ce	lé‑gè‑re‑té
a‑lê‑ne	i‑ma‑ge	é‑ta‑la‑ge	sé‑vé‑ri‑té
ci‑ra‑ge	tu‑li‑pe	bé‑né‑fi‑ce	li‑mo‑na‑de
fa‑ri‑ne	hâ‑ti‑ve	fi‑dé‑li‑té	ma‑jo‑ri‑té
fi‑dè‑le	sa‑la‑de	ca‑ra‑bi‑ne	pâ‑tu‑ra‑ge
ca‑po‑te	lé‑gu‑me	do‑mi‑ci‑le	py‑ra‑mi‑de [1]
ba‑ga‑ge	pa‑ra‑ge	ba‑di‑na‑ge	po‑ly‑go‑ne [1]
ga‑ba‑re	nu‑mé‑ro	ca‑ma‑ra‑de	pè‑le‑ri‑na‑ge
do‑mi‑no	ma‑da‑me	o‑xy‑gè‑ne [1]	ré‑gu‑la‑ri‑té

(1) L'*Y* se prononce comme un *i* simple.

1ᵉʳ *Procédé*. — Le Moniteur montre successivement les syllabes de chaque mot; l'Élève les prononce *sans les épeler à haute voix*, de cette manière : *a‑mi;*
2ᵉ *Procédé*. — L'Élève montre et prononce lui-même successivement les syllabes de chaque mot. [*â‑ne*, etc. (Voir la Méthode.)]
3ᵉ *Procédé*. — Le Moniteur tourne le tableau, et fait épeler un mot à chaque Élève de cette manière : Premier : *ami*. L'élève : *a‑a; m‑i‑mi*, suivant : *â‑ne*, etc.

15943 — Paris. — Typographie de Renou et Maulde, rue de Rivoli, 144.

PHRASES FORMÉES DES MOTS PRÉCÉDENTS

(1) La tê‑te, sa ro‑be, la ca‑ba‑ne, le cô‑té, la ca‑po‑te, le ci‑ra‑ge, u‑ne cu‑ve, le do‑mi‑no, du co‑ke, la fa‑ri‑ne, u‑ne fè‑ve, la ci‑vi‑li‑té, u‑ne la‑me, la li‑ma‑ce, la mi‑nu‑te, la fi‑gu‑re, du cé‑le‑ri, ta lé‑gè‑re‑té, le lu‑xe, le pa‑ra‑fe, l'â‑me, la ma‑xi‑me.

L'a‑mi fi‑dè‑le, l'é‑lè‑ve do‑ci‑le, l'é‑tu‑de u‑ti‑le, l'A‑ra‑be a‑gi‑le, la ga‑ze lé‑gè‑re, le ca‑fé mo‑ka, le jo‑li na‑vi‑re, la pi‑pe sa‑le, le dé de Cé‑ci‑le, le pè‑re de Lu‑ci‑le, la fé‑li‑ci‑té du sa‑ge, le ca‑ma‑ra‑de po‑li, le re‑mè‑de du ma‑la‑de, la ta‑xe mu‑ni‑ci‑pa‑le, la vé‑ri‑té de ta pa‑ro‑le, la du‑re‑té de l'é‑bè‑ne, la ti‑mi‑di‑té de l'é‑lè‑ve sa‑ge.

L'i‑ma‑ge d'É‑mi‑le, la sa‑la‑de du dî‑né, la ca‑ge du ca‑na‑ri, la fê‑te de ma mè‑re, le mari d'A‑dè‑le, la sé‑vé‑ri‑té du ju‑ge, le ci‑ga‑re de pa‑pa, la ju‑pe d'A‑dé‑la‑ï‑de, la mo‑de ri‑di‑cu‑le. Re‑my a sa‑li sa pa‑ge. A‑na‑to‑le n'a pu li‑re. Jé‑rô‑me a ri à l'é‑co‑le. É‑mi‑le a été ma‑la‑de. La pe‑ti‑te Ca‑ro‑li‑ne a re‑vu sa mè‑re. La do‑ci‑li‑té de Zo‑é a mé‑ri‑té u‑ne i‑ma‑ge. Le pi‑lo‑te du na‑vi‑re a é‑té fê‑té.

TABLEAUX DE LECTURE
Par plusieurs Instituteurs
NOUVELLE ÉDITION
Mise en rapport avec le *Premier* et le *Second Alphabet*
des mêmes Auteurs

PARIS
Ch. DELAGRAVE et Cⁱᵉ, Libraires-Éditeurs, rue des Écoles, 58
GUÉRIN-MULLER, rue du Grand-Chantier, 3
CAEN
CHÉNEL, Libraire, Rue Saint-Jean, 16 — Dⁱˢ LEVILLAIN, Libraire, rue de Strasbourg, 4

6ᵉ TABLEAU

SYLLABES DE DEUX OU DE TROIS LETTRES

ac	af	al	ap	ar	as	at
ec	ef	el	ep	er	es	et
ic	if	il	ip	ir	is	it
oc	of	ol	op	or	os	ot
uc	uf	ul	up	ur	us	ut

bac	taf	cal	lap	mar	vas	nat
bec	tef	cel	lep	mer	ves	net
bic	tif	cil	lip	mir	vis	nit
boc	tof	col	lop	mor	vos	not
buc	tuf	cul	lup	mur	vus	nut

EXERCICES

ap	ec	uc	of	el	ir	il	al
lap	lec	suc	lof	gel	tir	cil	bal
or	il	er	ic	us	ec	ar	er
tor	sil	ter	sic	rus	bec	lar	ber
is	ol	ir	al	oc	ar	ur	ig
lis	col	vir	tal	soc	car	sur	nig

bac	bec	pic	fer	sac	tir	sol	vif	suc
val	tic	ver	dur	sel	lac	col	bol	vis
duc	cor	nef	pur	mal	cal	sud	mer	cep
soc	roc	mol	tel	tuf	sec	vol	raz	zig

PROCÉDÉS analogues à ceux du 3ᵉ tableau. (Épeler, puis lire d'abord par colonnes, ensuite par lignes.)

Paris. — Typographie de Henon et Marleg, rue de Rivoli, 144.

TABLEAUX DE LECTURE
Par plusieurs Instituteurs
NOUVELLE ÉDITION
Mise en rapport avec le *Premier* et le *Second Alphabet*
des mêmes Auteurs

PARIS
Ch. DELAGRAVE et Cⁱᵉ, Libraires-Éditeurs, rue des Écoles, 58
GUÉRIN-MULLER, rue du Grand-Chantier, 5
CAEN
CHÉNEL, Libraire, Rue Saint-Jean, 16 | Dⁱˡˢ LEVILLAIN, Libraire, rue de Strasbourg, 6

7ᵉ TABLEAU

MOTS FORMÉS DES SYLLABES PRÉCÉDENTES

a-gir	dé-gel	or-ge	a-ni-mal	fer-ti-le
a-zur	les-te	u-nir	ar-bus-te	il-lé-gal
ac-tif	fer-me	por-te	as-per-ge	lu-net-te
ca-nif	for-ce	ré-cif	ba-tis-te	ma-la-de
bâ-tir	gor-ge	si-lex	ber-li-ne	oc-ta-ve
ba-zar	her-se	to-tal	co-car-de	pa-ra-sol
bé-nir	jus-te	pas-cal	cor-da-ge	par-ta-ge
bor-ne	dur-cir	ur-ne	dé-mo-lir	ré-col-te
col-za	mar-tyr	ver-ge	dis-pu-te	se-mel-le
dor-mir	mas-tic	zig-zag	fer-me-té	vir-gu-le

a-bo-lir	lu-zer-ne	til-bu-ry	ab-sur-di-té
es-pa-ce	su-per-be	ul-cè-re	jar-di-na-ge
bor-du-re	na-cel-le	ve-nel-le	ma-ni-vel-le
ca-ver-ne	pa-res-se	vic-ti-me	ou-ver-tu-re
dé-ci-mal	par-ju-re	vi-tes-se	i-nef-fi-ca-ce
fer-ma-ge	per-fi-de	o-me-let-te	il-lé-gi-ti-me
for-tu-ne	pos-tu-re	é-car-la-te	na-tu-ra-lis-te
im-mor-tel	ré-col-te	né-ces-si-té	lit-té-ra-tu-re
jus-ti-ce	sa-ges-se	er-mi-ta-ge	u-ni-for-mi-té
lec-tu-re	syl-la-be	mul-ti-tu-de	a-po-ca-lyp-se
lu-car-ne	suc-ces-sif	ma-jus-cu-le	ma-nu-fac-tu-re

PROCÉDÉS analogues à ceux du 4ᵉ tableau. (Lire sans épeler à haute voix, d'abord par colonnes, ensuite par lignes.)

Paris. — Typographie du Bazar et Mettes, rue de Rivoli, 144.

PHRASES FORMÉES DES MOTS PRÉCÉDENTS

Le cas-tor, l'a-ni-mal, l'al-cô-ve, l'ar-bus-te, la ber-li-ne, la jus-ti-ce, u-ne dis-pu-te, la sa-la-de, du mas-tic, la lec-tu-re, le jar-di-na-ge, le ver-re, u-ne mi-nus-cu-le, l'u-ni-for-mi-té, sa ré-col-te, u-ne ma-nu-fac-tu-re, la ber-li-ne, ce rep-ti-le, la sa-ges-se, u-ne ser-pet-te, la ba-ga-tel-le.

(*) Ta co-car-de, la ver-du-re, u-ne bel-le na-cel-le, le sa-lut a-mi-cal, le cal-cul fa-ci-le, l'or-me sec, le jo-li pa-ra-sol, le mé-tal po-li, le sol cul-ti-vé, u-ne por-te su-per-be, le ca-rac-tè-re per-fi-de, le co-de pé-nal et le co-de ci-vil, le ca-nal ma-ri-ti-me, le re-mè-de ef-fi-ca-ce, la ter-re fer-ti-le, la fé-li-ci-té du jus-te se-ra é-ter-nel-le.

Le sac de fa-ri-ne, la ré-col-te de l'or-ge, la gi-ber-ne du ca-po-ral, la gar-ni-tu-re de la ro-be, la har-pe de Da-vid. Ha-ïr le vi-ce. Mé-dor a mor-du Jus-ti-ne. Vic-tor a per-du sa tar-ti-ne. Va a-ver-tir ta mè-re. Ur-su-le a mal à la gor-ge. Mar-cel a re-vu A-dè-le. Oc-ta-ve a per-du le ca-nif d'É-mi-le. Zo-é a sa-li la gar-ni-tu-re de sa ro-be. Pa-pa fe-ra sa bar-be sa-me-di. Il i-ra à la mes-se.

PROCÉDÉS analogues à ceux du 5e tableau. (On dira *suivant!* aux virgules et aux points.)
(*) Faire connaître les majuscules T (t), D (d), H (h), M (m), I (i).

TABLEAUX DE LECTURE
Par plusieurs Instituteurs
NOUVELLE ÉDITION
Mise en rapport avec le *Premier* et le *Second Alphabet*
des mêmes Auteurs

PARIS
Ch. DELAGRAVE et Cie, Libraires-Éditeurs, rue des Écoles, 58
GUÉRIN-MULLER, rue du Grand-Chantier, 5
CAEN
CHÉNEL, Co-Éditeur, rue Saint-Jean, 16 || Bhe LEVILLAIN, Libraire, rue de Strasbourg.

9ᵉ TABLEAU

VOYELLES COMPOSÉES
et Diphthongues

eu   ou   an   in   on   un

EXERCICE

eu   an   ou   in   un   on   eu   ou   eu   in

on   in   eu   on   oi   ou   an   un   in   an

---

eu   ou   au | ain | ai | oi

eur   our   eau | ein | ei | oir

EXERCICE

au   eau   ai   ei   oi   oir   ou   our   eu   eur

oir   our   eur   ai   ein   au   ain   ei   eau   oi

---

ia   ié   iè   io   ian   ien   ion   oin

EXERCICE

io   ia   ien   ion   ié   oin   iè   ian   ia   oin   iè   iu

1ᵉʳ Procédé. — Le Moniteur montre et épèle à haute voix une syllabe ; l'Élève répète. (*Les accolades indiquent les syllab.s de même son.*)
2ᵉ Procédé. — Le Moniteur nomme une syllabe ; l'Élève la montre.
3ᵉ Procédé. — (Tableau retourné.) — Le Moniteur cite une syllabe ; l'Élève l'épèle.
NOTA. — On n'apprendra qu'une ligne ou deux à la fois.

14043   Paris. — Typographie de Panos et Maylin, rue de Rivoli, 144.

CONSONNES SIMPLES ET VOYELLES COMPOSÉES

eu (e)	ou	an	in	on	un	oi	oir
beu	bou	ban	bin	bon	bun	boi	boir
feu	fou	fan	fin	fon	fun	foi	foir
jeu	jou	jan	jin	jon	jun	joi	joir

ai (è)	ei (è)	au (o)	eau (o)	ain (in)	ein (in)	eur	our
lai	lei	lau	leau	lain	lein	leur	lour
pai	pei	pau	peau	pain	pein	peur	pour
sai	sei	sau	seau	sain	sein	seur	sour

ia	ié	iè	io	ian	ien	ion	oin
dia	dié	diè	dio	dian	dien	dion	doin
nia	nié	niè	nio	nian	nien	nion	noin
tia	tié	tiè	tio	tian	tien	tion (1)	toin

EXERCICES

seu	sou	san	sein	sour	soi	jai	jau
ceu	cou	can	cein	cour	coi	gai	gau
jon	gon	jeu	peur	jain	gain	join	goin

toi	moi	soi	loi	noir	soir	vin	pain
sou	soin	feu	lion	foin	tour	peur	neuf
cou	coin	seul	sien	main	peau	veau	daim
geai	gai	mien	jour	fier	pouf	sœur	cœur

PROCÉDÉS analogues à ceux du 3ᵉ tableau. (Épeler, puis lire par colonnes et par lignes. On s'appliquera à bien prononcer les diphthongues *dia, nia, tia*, etc., et on ne passera point à un nouvel exercice avant que le précédent soit parfaitement su.)

(1) S'appliquer à bien prononcer les trois séries de diphthongues qui précèdent.

14943   Paris. — Typographie de Ramou et Maulde, rue de Rivoli, 144.

MOTS FORMÉS DES SYLLABES PRÉCÉDENTES

an·ge	mai·re	a·mi·tié	vio·let·te
bâ·ton	pei·ne	con·ci·le	sa·lai·re
lai·ne	pier·re	in·ci·vil	va·can·ce
jeu·di	re·tour	a·ca·jou	ré·pon·se
es·poir	sa·peur	ba·lan·ce	mé·moi·re
far·ceur	ti·roir	a·bou·tir	ma·ca·ron
ga·zon	u·nion	ga·ran·tir	jeu·nes·se
hau·teur	vier·ge	dis·tan·ce	sei·ziè·me
in·dex	nan·kin	fan·fa·ron	la·bou·reur
cou·teau	zou·a·ve	de·meu·re	per·cep·teur

ba·lei·ne	i·voi·re	a·man·de	ta·ba·tiè·re
a·ca·cia	sa·liè·re	vi·cai·re	gi·be·ciè·re
dé·fian·ce	é·pon·ge	re·li·gion	é·cu·moi·re
a·ma·dou	no·tai·re	ya·ta·gan	pé·pi·niè·re
ar·moi·re	gui·ta·re	ma·niè·re	re·din·go·te
au·ber·ge	rou·la·ge	mar·mi·te	syl·la·bai·re
a·ban·don	lan·ter·ne	pau·piè·re	la·bou·ra·ge
de·man·de	mé·de·cin	pié·des·tal	a·bon·dan·ce
dé·mê·loir	fan·tô·me	ra·mo·neur	cul·ti·va·teur
di·rec·teur	ou·ra·gan	an·tien·ne	es·ca·mo·teur
dis·cou·rir	pan·ta·lon	man·sar·de	in·di·ges·tion [1]

PROCÉDÉS semblables à ceux du 4e tableau. (Lire, sans épeler à haute voix, par colonnes et par lignes.)

(1) Prononcez *ti-on* et non *ci-on*, à cause de l's qui est avant.

14043   Paris. — Typographie de Rasor et Maulx, rue de Rivoli, 144.

PHRASES COMPOSÉES DES MOTS PRÉCÉDENTS

Le bâ·ton, un bi·jou, la boî·te, le bon·bon, la sa·liè·re, la se·mel·le, de la vian·de, du lin·ge, un bou·ton, l'é·cu·moi·re, l'a·ven·tu·re, la li·tiè·re, l'o·ran·ge, l'ou·ra·gan, la pau·piè·re, u·ne ro·man·ce, u·ne lan·ter·ne, la pa·res·se, le pié·des·tal, mon syl·la·bai·re. (1) Bon·jour Cé·les·tin. Bon·soir ma·da·me.

Le jo·li moi·neau, l'é·nor·me fau·te, l'au·tel por·ta·tif, l'a·mour pa·ter·nel, le ga·zon du jar·din, la lar·geur du che·min, la cor·de du dan·seur, la pa·ro·le de l'o·ra·teur, la de·meu·re de mon a·mi, le dé·mê·loir de ma sœur, la pi·qû·re de la guê·pe, le ju·pon de lai·ne, la bel·le re·din·go·te noire, le beau la·pin an·go·ra, le gué·ri·don d'a·ca·jou.

(1) J'ai·me le bon Dieu. Le diur·nal de ma tan·te a é·té per·du. (1) Res·pec·te la dou·leur de ton a·mi. Ce de·voir se·ra fau·tif. Le feu a con·su·mé la car·te de Lé·on. Le pou·lain a mangé de l'a·voi·ne. Il y au·ra con·gé jeu·di. Pau·li·ne a per·du sa bour·se. J'ai par·ta·gé mon gâ·teau a·vec mon a·mi Paul. J'ai un pan·ta·lon de nan·kin. L'es·pé·ran·ce con·so·le. Voi·ci un beau cha·peau. Voi·là u·ne bel·le gui·ta·re.

PROCÉDÉS semblables à ceux du 5e tableau. (Dire *suivant!* aux virgules ou aux points.)
(1) Faites connaître les majuscules B (b); J (j) et R (r).

14943 Paris — Typographie de Renou et Maulde, rue de Rivoli, 144.

TABLEAUX DE LECTURE
Par plusieurs Instituteurs
NOUVELLE ÉDITION
Mise en rapport avec le *Premier* et le *Second Alphabet*
des mêmes Auteurs

13ᵉ TABLEAU

(D'abord par lignes, ensuite par colonnes, puis sans suivre aucun ordre)

PARIS
Ch. DELAGRAVE et Cie, Libraires-Éditeurs, rue des Écoles, 58
GUÉRIN-MULLER, rue du Grand-Chantier, 3
CAEN
CHÊNEL, Libraire   Dlle LEVILLAIN, Libraire
rue Saint-Jean, 16   rue de Strasbourg, 4

CONSONNES COMPOSÉES SUIVIES D'UNE VOYELLE SIMPLE OU COMPOSÉE

bla	bli	blo	bleu	blan	blin	blon	bloi
cla	cli	clo	cleu	clan	clin	clon	cloi
fra	fri	fro	freu	fran	frein	fron	froi
gra	gri	gro	greu	gran	grain	grou	groi

cha	chi	cho	cheu	char	chir	chor	choir
gna	gni	gno	gneu	gnar	gnir	gnor	gnoir
qua (ka)	qui (ki)	quo (ko)	queu	quar	quir	quor	quoir
pha (fa)	phi (fi)	pho (fo)	pheu	phar	phir	phor	phoir
sta	sti	sto	steu	star	stir	stor	stoir

EXERCICES

blé	clé	pli	bru	bloc	froc	chef	brin
pré	glu	cru	thé	vrai	frac	crin	frein
cri	char	plan	cher	chou	bleu	brai	quoi
dru	gré	trou	plein	froc	chic	chut	choc
clou	cran	fleur	brun	clair	grain	train	drain

bref	cric	club	clan	grec	chien
grog	stuc	croup	brick	czar	stop !
li-vre	lè-vre	frè-re	on-cle	ci-dre	rè-gle
ar-bre	cra-be	crê-pe	fri-re	clo-che	si-gnal
⁽¹⁾**An-dré**	**Al-fred**	**Clau-de**	**Mic-hel**	**Fla-vien**	**Ber-the**

PROCÉDÉS semblables à ceux du 3ᵉ tableau. (Épeler, puis lire par lignes et par colonnes.)
(1) Rappeler la forme des majuscules qui pourraient être inconnues.

14043   Paris — Typographie de Renou et Maulde, rue de Rivoli, 144.

TABLEAUX DE LECTURE
Par plusieurs Instituteurs
NOUVELLE ÉDITION
Mise en rapport avec le *Premier* et le *Second Alphabet*
des mêmes Auteurs

PARIS
Ch. DELAGRAVE et Cⁱᵉ, Libraires-Éditeurs, rue des Écoles, 58
GUÉRIN-MULLER, rue du Grand-Chantier, 5
CAEN
CHÉNEL, Libraire   Dⁱˡˡᵉ LEVILLAIN, Libraire
Rue Saint-Jean, 16   rue de Strasbourg, 4

14ᵉ TABLEAU

MOTS FORMÉS DES SYLLABES PRÉCÉDENTES

a·bri	on·gle	zè·bre	é·chel·le
bê·che	hê·tre	yè·ble	es·tra·de
crè·me	lu·trin	trei·ze	froi·du·re
cy·gne	nè·gre	sphè·re	i·vro·gne
che·veu	gloi·re	a·bré·gé	ou·vra·ge
dra·peau	flâ·neur	a·dres·se	dia·lo·gue
flu·xion	qua·tre	au·mô·ne	qua·tor·ze
cas·que	re·quin	ca·lè·che	re·froi·dir
char·bon	ta·bleau	cha·pi·tre	maî·tres·se
bou·chon	gran·deur	vain·queur	pré·cep·teur

brû·lu·re	or·fé·vre	au·tru·che	é·pi·ta·phe
gla·ciè·re	poi·tri·ne	can·ti·que	é·cri·toi·re
ex·trê·me	qua·li·té	car·tou·che	ba·ro·mè·tre
é·cri·vain	ré·flé·chir	châ·tai·gne	bri·gan·da·ge
fa·bri·que	sque·let·te	di·man·che	con·ve·na·ble
al·pha·bet	scru·pu·le	dou·ziè·me	in·sti·tu·teur
char·la·tan	tri·an·gle	é·tei·gnoir	la·by·rin·the
im·meu·ble	ver·dâ·tre	la·pe·reau	pa·tri·ar·che
cin·quan·te	zo·dia·que	a·breu·voir	cir·con·stan·ce
ma·ré·chal	é·cri·teau	ma·qui·gnon	ban·que·rou·te
di·rec·teur	nau·fra·ge	gram·mai·re	at·mo·sphè·re

PROCÉDÉS semblables à ceux du 4ᵉ tableau. (Lire, sans épeler à haute voix, par colonnes et par lignes.)

14945   Paris. — Typographie de Renou et Maulde, rue de Rivoli, 144.

TABLEAUX DE LECTURE
Par plusieurs Instituteurs
NOUVELLE ÉDITION
Mise en rapport avec le *Premier* et le *Second Alphabet*
des mêmes Auteurs

PARIS
Ch. DELAGRAVE et Cⁱᵉ, Libraires-Éditeurs, rue des Écoles, 58
GUÉRIN-MULLER, rue du Grand-Chantier, 3
CAEN
CHÉNEL, Libraire   Dⁱˡᵉ LEVILLAIN, Libraire
Rue Saint-Jean, 16   rue de Strasbourg, 4

15ᵉ TABLEAU

PHRASES FORMÉES DES MOTS PRÉCÉDENTS

La mon‑tre, le ca‑dran, un a‑veu‑gle, u‑ne gran‑ge, du ci‑dre, un glou‑ton, du sa‑ble, la va‑che, la vi‑gne, l'é‑pin‑gle, sa gram‑mai‑re, u‑ne can‑ta‑tri‑ce, la plan‑che, ta ta‑ble, un li‑brai‑re, la bou‑ti‑que, un quin‑tal, le ki‑lo‑gram‑me, son ca‑té‑chis‑me, le plai‑deur, la tran‑che de bœuf, la ro‑be chè‑re, le che‑val bai, le jo‑li chà‑teau de mon on‑cle.

⁽¹⁾ Un pan‑ta‑lon bleu, la cra‑va‑te noi‑re, le bon fro‑ma‑ge, la ta‑niè‑re du lion, l'ar‑che de No‑é, l'a‑pô‑tre de l'É‑van‑gi‑le, la bar‑que du pê‑cheur, l'as‑tre du jour, le ber‑ceau de mon frè‑re, le bec de la ci‑go‑gne, l'écri‑toi‑re de por‑ce‑lai‑ne, le ri‑deau de la fe‑nê‑tre, l'é‑chel‑le du cou‑vreur, la bran‑che de chê‑ne, le man‑che du cou‑teau, le bel ar‑bre.

L'ai‑gle, roi de l'air. Voi‑là un beau can‑ti‑que. Félix a u‑ne fi‑gu‑re an‑gé‑li‑que. Le pain a é‑té cher. An‑to‑nin a bu un li‑tre de biè‑re. Fré‑dé‑ric a u‑ne flu‑xion de poi‑tri‑ne. Voi‑ci u‑ne li‑queur a‑gré‑a‑ble. Cet‑te mon‑tre va bien. Mon ou‑vra‑ge se‑ra ter‑mi‑né ce soir. J'ai‑me le ra‑ma‑ge de la fau‑vet‑te. Al‑fred sou‑la‑ge la dou‑leur de son a‑mi Gus‑ta‑ve. J'in‑vo‑que la sain‑te Vier‑ge cha‑que jour.

PROCÉDÉS semblables à ceux du 3ᵉ tableau. (Dire *suivant!* aux virgules ou aux points.)
(1) Rappeler la forme des Majuscules inconnues : N (n); F (f); G (g).

14943   Paris. — Typographie de Renou et Maulde, rue de Rivoli, 144.

TABLEAUX DE LECTURE
Par plusieurs Instituteurs
NOUVELLE ÉDITION
Mise en rapport avec le *Premier* et le *Second Alphabet*
des mêmes Auteurs

PARIS
Ch. DELAGRAVE et Cⁱᵉ, Libraires-Éditeurs, rue des Écoles, 58
GUÉRIN-MULLER, rue du Grand-Chantier, 5
CAEN
CHÉNEL, Libraire · Dlle LEVILLAIN, Libraire
Rue Saint-Jean, 10 · rue de Strasbourg, 4

16ᵉ TABLEAU

LETTRES NULLES ET ÉQUIVALENTS

(Faites remarquer que les lettres *couchées* ne se prononcent pas.)

c	nul.	banc, cric, porc, tronc, ac·croc, a·jonc.
d	—	bor*d*, lour*d*, gran*d*, chau*d*, tar*d*, ca·nar*d*.
e	—	mi*e*, a·mi*e*, Ma·ri*e*, a·go·ni*e*, a·ca·dé·mi*e*.
g	—	lon*g*, ran*g*, san*g*, bour*g*, fau·bour*g*.
h	—	*h*i·ver, *h*is·toi·re, *h*om·me, ab·sin·t*h*e.
l	—	ba·ri*l*, ou·ti*l*, per·si*l*, che·ni*l*, sour·ci*l*.
p	—	cou*p*, lou*p*, ga·lo*p*, beau·cou*p*, can·ta·lou*p*.
s	—	do*s*, a·vi*s*, a·ma*s*, ar·rhe*s*, dé·com·bre*s*.
t	—	lo*t*, par*t*, brui*t*, bou*t*, ca·cho*t*, i·gno·ran*t*.
x	—	pai*x*, noi*x*, per·dri*x*, é·pou*x*, heu·reu*x*.
nt	—	ils par·le*nt*, ils é·cri·ve*nt*, ils cal·cu·le*nt*.

Le si·gne = si·gni·fie *é·ga·le.*

ç	=	s	le·çon, ma·çon, fa·çon, fa·ça·de, re·çu.
am	=	an	es·tam·pe, cam·pa·gne, am·bas·sa·deur.
em	=	an	tem·ple, il sem·ble, ils con·tem·ple*nt*.
en	=	an	lent, cou·vent, ju·ge·ment, ac·ci·dent.
im	=	in	im·pie, im·pru·dent, im·por·tant.
om	=	on	som·bre, com·pas, com·pa·gnon.
er	=	é	toi·lier, vi·tri·er, man·ger, chan·ter.
ez	=	é	nez, chan·tez, dan·sez, par·ta·gez.
tion	= cion	ac·tion, direc·tion, ob·ser·va·tion, o·bli·ga·tion, dé·to·na·tion, des·crip·tion.

14943 Paris. — Typographie de Renou et Maulde, rue de Rivoli, 144.

www.ingramcontent.com/pod-product-compliance
Ingram Content Group UK Ltd.
Pitfield, Milton Keynes, MK11 3LW, UK
UKHW021634130726
13696UKWH00005B/2185